www.kidkiddos.com
Copyright©2015 by S. A. Publishing ©2017 by KidKiddos Books Ltd.
support@kidkiddos.com

All rights reserved. No part of this book may be reproduced in any form or by any electronic or mechanical means, including information storage and retrieval systems, without written permission from the publisher or author, except in the case of a reviewer, who may quote brief passages embodied in critical articles or in a review.
Tous droits réservés. Aucune reproduction de cet ouvrage, même partielle, quelque soit le procédé, impression, photocopie, microfilm ou autre, n'est autorisée sans la permission écrite de l'éditeur.
Second edition, 2019

Library and Archives Canada Cataloguing in Publication Data
Boxer and Brandon (French Edition)
ISBN: 978-1-5259-1704-2 paperback
ISBN: 978-1-77268-526-8 hardcover
ISBN: 978-1-77268-319-6 eBook

Créé par Inna Nusinsky

Illustrations de Gillian Tolentino
Traduit de l'anglais par Léa Plasse

Bonjour, mon nom est Boxer. Ravi de te rencontrer ! Ceci est l'histoire de ma rencontre avec ma nouvelle famille.

Tout a commencé quand j'avais deux ans.
J'étais sans abri. Je vivais dans la rue et mangeais dans les poubelles. Les gens s'énervaient contre moi quand je renversais leurs poubelles.
– Sors de là ! me criaient-ils.
Parfois je devais m'enfuir vraiment vite !
Vivre en ville, ça peut être dur.

Quand je ne cherchais pas de la nourriture, j'aimais m'asseoir et regarder les gens marcher sur le trottoir.

Parfois, je regardais les gens avec mes yeux tristes et ils me donnaient de la nourriture.

– Oh, quel joli toutou ! Tiens, prends un casse-croûte, disaient-ils.

Un jour, un petit garçon et son papa marchaient vers moi.

– Comment est ton sandwich au beurre de cacahuète et à la confiture, Brandon ? demanda le papa du petit garçon.

Ça avait l'air vraiment bon !

Je fis mes yeux tristes. Le garçon s'arrêta et me tendit son sandwich. J'étais sur le point d'en prendre une bouchée, quand...

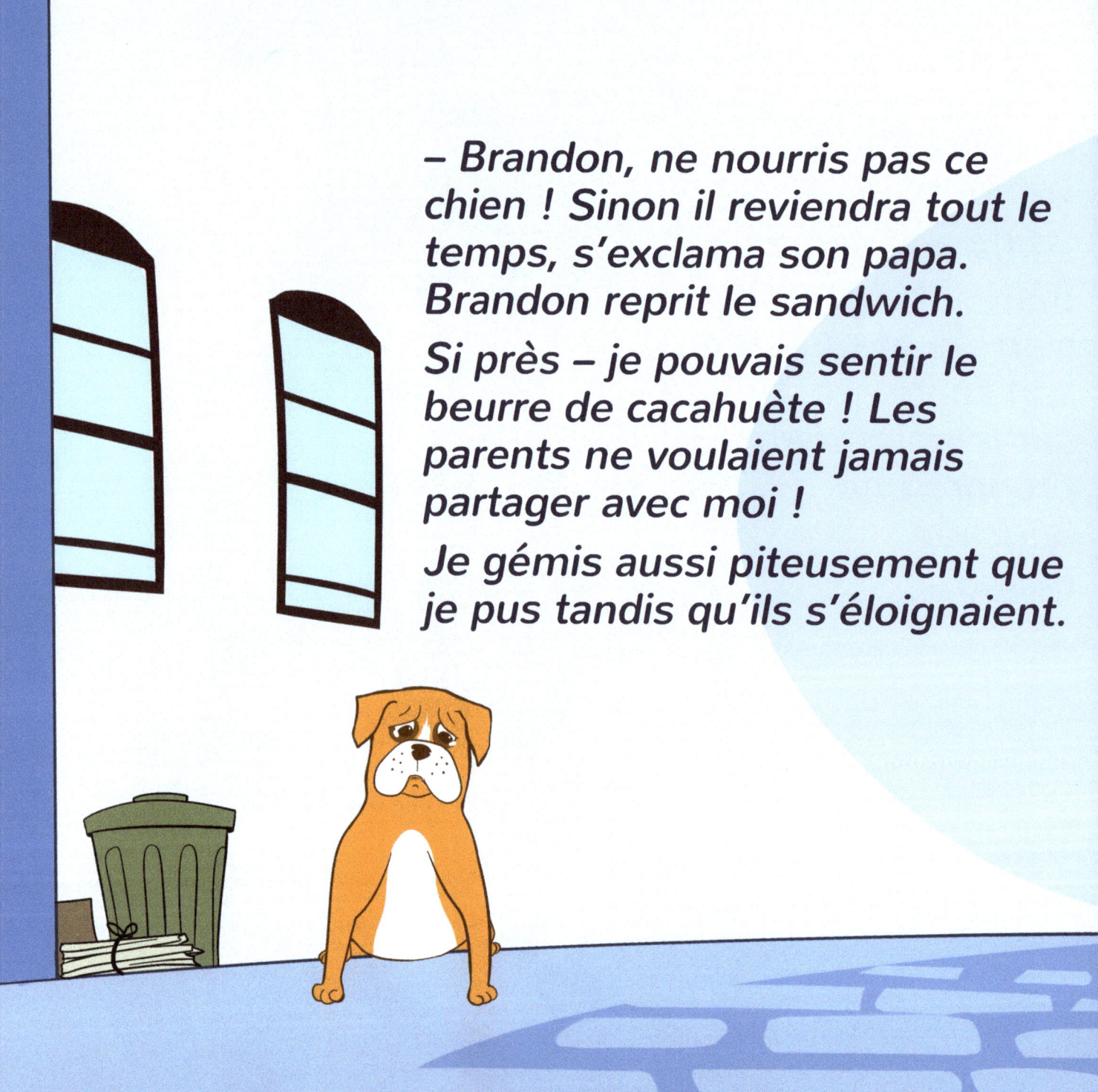

– Brandon, ne nourris pas ce chien ! Sinon il reviendra tout le temps, s'exclama son papa. Brandon reprit le sandwich.

Si près – je pouvais sentir le beurre de cacahuète ! Les parents ne voulaient jamais partager avec moi !

Je gémis aussi piteusement que je pus tandis qu'ils s'éloignaient.

Après ça, je décidai de poursuivre un chat, puis je fis une sieste. Je fis un rêve merveilleux.

J'étais dans un parc et tout était fait en viande ! Les arbres étaient des steaks ! C'était le meilleur rêve de ma vie.

Quelque chose me réveilla, pourtant. Pile en face de moi se trouvait un morceau de sandwich ! Je sautai sur mes pattes et le gobai.

Hmmmm ! C'était si bon ! Pile comme dans mes rêves.

– Chuuut, dit Brandon. Ne le dis pas à Papa.
Quel gentil petit garçon, pensai-je.

Jour après jour, Brandon vint me rendre visite et me donner un casse-croûte. Puis, un jour...

– Dépêche-toi, Brandon. Tu vas être en retard à l'école, dit le papa de Brandon.

– J'arrive ! cria Brandon en courant, lâchant un sac marron sur le trottoir.

En reniflant, je marchai jusqu'au sac et regardai dedans. Il était plein de nourriture !

J'étais sur le point de tout manger quand je pensai à quelque chose : Brandon m'amène toujours de la nourriture quand j'ai faim. Si je mange sa nourriture, alors c'est lui qui aura faim. Ce n'est pas juste.

– J'arrive, Brandon ! hurlai-je.

Lui et son papa étaient plus loin dans la rue. Je leur courus après avec le sac marron dans la bouche.

Alors que je passai devant une allée, je vis un chat. Je déteste les chats ! J'oubliai ma mission et lâchai le sac.

– Wouf, sors d'ici, chat ! aboyai-je.

Puis je me rappelai du déjeuner de Brandon. Il allait avoir faim si je ne lui ramenais pas son déjeuner !

C'était dur, mais j'oubliai le chat. Je ramassai le sac marron et me mis à courir.

Plus loin dans la rue, je m'arrêtai encore. Une boucherie !

Il y avait des morceaux de viande et de saucisse accrochés partout. Hmmmm…

Attends ! Je devais amener son déjeuner à Brandon ou il allait avoir faim !

C'était dur, mais j'oubliai la viande.
J'attrapai le déjeuner et
recommençai à courir.

Je tournai au coin de la rue et m'arrêtai. Il y avait un autre chien, qui remuait la queue.

– Salut, tu veux jouer ? Aboya-t-il.

– Oh oui ! répondis-je. Oh, attends, je ne peux pas jouer maintenant. Il faut que j'amène son déjeuner à Brandon.

C'était dur, mais j'oubliai les jeux. J'attrapai le déjeuner et recommençai à courir.

Je vis l'école – et voilà Brandon et son papa ! Je courus aussi vite que possible.

M'arrêtant devant Brandon, je lâchai le sac marron sur le trottoir.
Juste à temps !

– Regarde, Papa, il m'a ramené mon déjeuner ! s'exclama Brandon.

– Wahou, en effet. C'est incroyable ! dit son papa. Ils me caressèrent tous les deux la tête.

Brandon était content et son papa aussi.

En fait, son papa était si content qu'il me ramena chez eux. Il me donna un bain. Il me donna à manger !

Maintenant, quand Brandon et son papa vont balader, j'ai le droit d'aller avec eux. Et quand ils rentrent à la maison, j'ai le droit de rentrer avec eux !

J'adore ma nouvelle maison et ma nouvelle famille !

www.ingramcontent.com/pod-product-compliance
Lightning Source LLC
LaVergne TN
LVHW071959060526
838200LV00010B/240